50 Tipps
für
Schneckenkiller

First published under the title »50 Ways to Kill a Slug«
in 2003 by Hamlyn, a part of Octopus Publishing Group Ltd.
2–4 Heron Quays, Docklands, London E14 4JP

ISBN 3-89769-707-6

Printed and bound in China

10 9 8 7 6 5 4 3 2 1

www.lardon-media.com

50 Tipps für Schneckenkiller

Sarah Ford

die süßigkeiten des lebens

Für Mum, Dad und Matt

HINWEIS:

Wenn nicht anders angegeben, alle Rezepte für vier Personen.

Schnecken müssen gründlich gekocht werden. Um zu überprüfen, ob eine Schnecke gar ist, durchstechen Sie das Fleisch an der dicksten Stelle mit einem Spieß oder einer Gabel. Der Saft sollte klar sein, niemals rot oder rosa.

Ein paar Rezepte enthalten Schnecken. Vorsicht bei Personen mit Schneckenallergie!

Obwohl dieses Buch mit der angemessenen Sorgfalt vorbereitet wurde, können weder Verlag, Redaktion oder Autorin die Verantwortung für eventuelle Konsequenzen (z.B. Rachefeldzüge von Schnecken) übernehmen, die aus den vorliegenden Informationen resultieren.

Lesen Sie die Anweisungen der Hersteller von chemischen oder biologischen »Kampfstoffen« immer aufmerksam durch, bevor Sie sie einsetzen. Lagerung: Demonstrativ in Sichtweite der Schnecken, jedoch außerhalb der Reichweite von Kindern oder Haustieren.

Inhalt

EINLEITUNG

DEN FEIND KENNEN

Was gibt es Schöneres als einen Garten, der im Frühling wieder zum Leben erwacht? Doch leider sind junge Triebe, Blütenknospen und feuchte Erde ein wahres Schneckenparadies. In Minuten fressen sie sich durch all Ihre Sämlinge und die Zerstörung Ihrer Funkie ist nur eine Sache von Tagen.

SEIT EWIGEN ZEITEN WIRD DER KAMPF VERLOREN, WEIL ...

Die Schnecke ist ein Zwitter – bei der Aufstellung von Kampftruppen ist sie also eindeutig im Vorteil. Zwitter haben nämlich sowohl ein männliches als auch ein weibliches Reproduktionssystem, sodass die Schnecken nach vollbrachtem Akt gleich beide Nachwuchs bekommen. Und das Liebesspiel gefällt ihnen – es kann bis zu 90 Minuten dauern! Als Folge dieser Aktivität kann jede Schnecke bis zu 36 Eier produzieren und das mehrere Male im Jahr – man stelle sich nur die riesige Menge Schneckenkinder vor! Die weißlichen, geleeartigen Eier werden in die Erde abgelegt und reifen in 10 - 21 Tagen zu Babyschnecken, die etwa sechs Wochen brauchen, um erwachsen zu werden.

Die Lebensdauer einer Schnecke beträgt mehrere Jahre, wobei sie jedes Jahr noch größer und gefräßiger wird. In einem durchschnittlich großen Garten leben ungefähr 200 Schnecken, von denen jede in einer Saison bis zu 0,8 kg Pflanzen fressen kann. Es ist also nur allzu verständlich, wenn Sie Ihren Kampf für aussichtslos halten!

IHRE STÄRKEN UND SCHWÄCHEN

Tagsüber verkriechen sich Schnecken an dunklen, feuchten Plätzen, nachts gehen sie auf Beutezug. Kein Wunder, dass sie schwer zu bekämpfen sind. Aber nur Mut, es gibt bestimmte Bedingungen, ohne die eine Schnecke nicht leben kann. Denn ursprünglich war sie ein Meerestier: zum Überleben auf dem Land wurden aus ihren Kiemen Lungen, doch noch immer braucht sie ständig Nachschub für die Feuchtigkeit, die sie mit ihrer Schleimspur hinter sich lässt. So müssen Schnecken fortwährend essen und trinken. Dieses Wissen ist Ihre erste Waffe zum Sieg über den Feind.

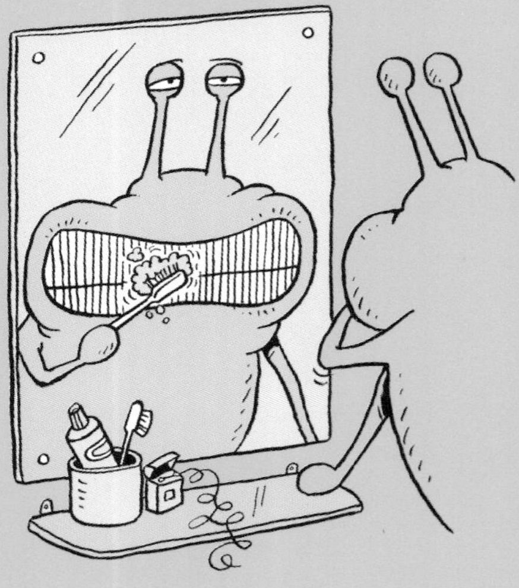

MERKMALE DES FEINDES

NAME:	Wegschnecke (*Arion lusitanicus*)
GRÖSSE:	0-15 cm
TEMPO:	0,0113 km/h.
REPRODUKTION:	Hermaphrodit – produziert mehr als 100 Eier im Jahr
LEBENSDAUER:	2-6 Jahre
LEBENSRAUM:	Dunkel und feucht mit ständigem Vorrat an leckeren Pflanzen
EIGENARTEN:	Zerstört Pflanzen, hinterlässt eine Schleimspur und frisst Würmer sowie tote Kumpane
WAFFEN:	Tarnt sich gut und greift in der Nacht an. Hat 27 000 Zähne und einen unersättlichen Appetit (kann an einem Tag das Doppelte ihres Körpergewichts fressen).
VORLIEBEN:	Bier, Grapefruitschalen und Kohl
ABNEIGUNGEN:	Salz
FEINDE:	Vögel, Frösche und Dachse
BEUTE:	Saftige grüne Blätter – am liebsten Rittersporn und Funkie, gerne auch Schalen von Zitrusfrüchten *(siehe S. 46)*

PRÄPARIEREN DES SCHLACHTFELDES

Sie können auf viele Arten verhindern, dass sich Schnecken in Ihrem Garten wohl fühlen. Nehmen Sie ihnen ihren bevorzugten Lebensraum.

1. Kappen Sie Zweige von Sträuchern, die den Boden berühren.

2. Beschneiden Sie Rasenränder, Schnecken verstecken sich darunter.

3. Weg mit überflüssigem Mulch!

4. Suchen Sie ihre bevorzugten Verstecke ab – unter Abdeckungen, um den Komposthaufen herum, überall, wo es dunkel und feucht ist.

5. Machen Sie regelmäßig Großputz im Garten und entfernen Sie Unkraut; darunter und unter Erdklumpen sind oft Schnecken und Eier versteckt.

6. Ermutigen Sie Schneckenräuber – viele Tiere verspeisen gern die eine oder andere Schnecke, z.B. Maulwürfe, Igel, Frösche, Salamander, fleischfressende Käfer und Tausendfüßler.

7. Pflanzen Sie zarte Sämlinge an einem sicheren Ort weit weg von Beute suchenden Schneckenaugen oder schützen Sie die Pflänzchen mit Papprollen (z.B. von Toilettenpapier).

WAFFENSAMMLUNG

Mit dem folgenden Rüstzeug ausgestattet, sind Sie jederzeit zum Kampf bereit!

SPRITZPISTOLE Mit einer Flüssigkeit füllen, die die Schnecken nicht mögen (*siehe Seite* 37) und gut zielen.

ESSSTÄBCHEN Wenn das Aufsammeln mit der Hand nicht Ihre Sache ist und Sie eher die asiatische Art bevorzugen, dann sind diese praktischen Geräte genau das Richtige. (Vergessen Sie nie, worum es gerade geht, sonst denken Sie noch, Sie essen Sushi.)

TASCHENLAMPE ODER FACKEL Unentbehrlich, um den Feind bei Nacht aufzuspüren.

STEINSCHLEUDER Wie weit werden es Ihre Gefangenen wohl als Wurfgeschosse schaffen? Je nach Art der nachbarschaftlichen Beziehung, können sie auch schon mal in dessen g landen.

GUMMIHANDSCHUHE Sehr nützlich für die Handhabung der Schnecken, wenn Sie eine Aversion gegen Schleim haben.

EIMER Zweckmäßiges Behältnis für das Sammeln und Ertränken von Schnecken und den Hausputz.

SCHÜRHAKEN ODER SPITZER STOCK
Zum Schwingen, Ängstigen und Erstechen – natürlich aus gebührender Entfernung.

BIER Um die Schnecken betrunken zu machen und dann zu ertränken sowie als Drink zur Siegesfeier. (Nicht dasselbe Bier trinken, in dem man die Schnecken ertränkt hat!)

SALZ Gut für Pommes, nicht so gut für Schnecken.

HACKE Zum Entfernen der Unkrautverstecke.

TIERISCHE FEINDE Ein paar sind sehr nützlich (*siehe Seite* 55), aber nicht immer für einen kleinen Stadtgarten geeignet.

BARRIEREN UND KÖDER Sie finden eine Liste auf den Seiten 24 und 50, bewaffnen Sie sich und seien Sie siegreich!

ESSIG Gut fürs Schneckenspray und sehr nützlich zum Entfernen von Schleimspuren.

WARME SEIFENLAUGE Super zum Ertränken von Schnecken und außerdem zum Händewaschen.

SPATEN Damit kriegen Sie garantiert auch die härteste Schnecke klein.

SÜSSIGKEITEN UND GELD Brauchen Sie, um Ihre Kinder und deren Freunde zu bestechen.

WAS TUN, WENN SIE ANGESCHLEIMT WURDEN?

Schneckenschleim ist eine zähe Angelegenheit. Sollten Sie bei Ihrem Kampf gegen die Gastropoden damit in Berührung kommen, mischen Sie zum Entschleimen etwas Essig mit warmem Wasser und waschen sich damit die Hände. Vorsicht bei Schnitt- und Schürfwunden!

WAS TUN MIT EINER SCHNECKE? (TOT ODER LEBENDIG)

Sie haben sie alle getötet oder gefangen genommen – aber was nun? Schnecken sind zu mehr gut, als Sie vielleicht denken. Sie stecken voller Proteine und sind eine leckere Mahlzeit für Katzen, Enten und Fische. Auch dem Komposthaufen nützen sie; da er von ihren Lieblingsspeisen nur so strotzt, werden die Schleimlinge – einmal dort abgesetzt – auf ewig dort bleiben. Sie bauen sogar Pappe und Papier ab und verbessern so die Qualität des Komposts. Der hochwertige Kompost wiederum stärkt Ihre Pflanzen, die sich dadurch besser gegen Schnecken behaupten können. Tote Schnecken auf dem Komposthaufen werden von den lebenden gefressen, die ihrerseits stark werden, den Kompost verbessern und so weiter und so weiter ...

AUF IN DEN KAMPF!

50 MÖGLICHKEITEN, DEN FEIND ZU SCHLAGEN

VORBEUGUNG

DEN GARTEN SAUBER HALTEN

Einer der Hauptgründe, warum ein Garten von Schnecken heimgesucht wird, sind all die verrottenden Pflanzen, die sich im Laufe der Zeit ansammeln. Zeit für einen Frühjahrsputz!

1. Nehmen Sie sich einen Nachmittag Zeit, um alle üblichen Schneckenverstecke abzusuchen: unter Abdeckungen, um den Komposthaufen herum und an allen abgelegenen, dunklen, feuchten Plätzen.

2. Entfernen Sie systematisch und regelmäßig alles Vermodernde von Beeten und Rabatten. Ab damit auf den Kompost, und die Schnecken, die Sie finden, gleich dazu (*siehe Seite* 17). Achten Sie darauf, dass sich Ihr Komposthaufen möglichst weit von möglichen Schneckenopfern entfernt befindet.

3. Und nicht vergessen: Ein sauberer Garten ist ein Garten ohne Schnecken.

DAS SCHNECKEN-VERWIRR-SPIEL

Kein ganz einfaches Unterfangen, aber der Mühe wert. Wie gute Pfadfinder folgen Schnecken nämlich der Spur ihrer Kumpane, denn sie wissen, dass diese das Futter anpeilen.

1. Suchen Sie den Garten nach schimmerndem Schneckenschleim ab.

2. Sperren Sie die Futter-Transit-Strecken kurzerhand durch Umgraben entdeckter Spuren mit einem Pflanzenheber.

3. Betrachten Sie wohlgefällig Ihr Werk.

4. Waschen Sie den Pflanzenheber und Ihre Hände mit warmem Wasser und Essig, um etwaigen Schleim zu entfernen.

SCHLAFENDE SCHNECKEN GEHÖREN IN DEN HIMMEL!

Erwischen Sie die Schnecken während eines Nickerchens, dann haben Sie leichtes Spiel!

1. Bearbeiten Sie Ihren Boden möglichst im Frühjahr, wenn die Schnecken Ihre Winterruhe halten. So können Sie sie im Schlaf ins Jenseits befördern, ohne dass sie es überhaupt merken.

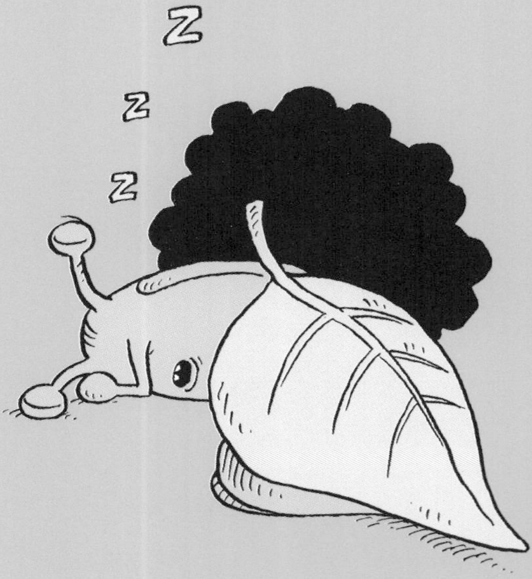

SERVIEREN SIE SCHNECKENKAVIAR

Ein umweltfreundliche Art gegen die Brut vorzugehen! Die Eier sind klein und weiß und werden das ganze Jahr über im Boden abgelegt.

1. Harken Sie vorsichtig den Garten, um die Schneckeneier ans Tageslicht zu bringen.

2. Ziehen Sie sich zurück, damit Ihre tierischen Helfer wie zum Beispiel hungrige Vögel den lecker angerichteten Festschmaus verspeisen können. Außerdem ist das Harken gut für Ihren Garten.

BARRIEREN

SELBST IST DIE PFLANZE!

Einige Pflanzen werden von Schnecken geradezu verabscheut.

1. Wählen Sie in Ihrem Gartencenter unter folgenden Pflanzen aus: Pfefferminze, Schnittlauch, Knoblauch, Geranien, Fingerhut und Fenchel.

2. Pflanzen Sie einige davon an den Rand ihres Gartens. Der starke Geruch dieser Pflanzen stößt die Schnecken ab, sodass sie wie eine Barriere gegen das Eindringen der gefräßigen Monster wirken.

RACHE AUF PRÄHISTORISCHE ART

1. Besorgen Sie sich Kieselgur – ein Pulver, das aus den gemahlenen Skeletten kleiner, versteinerter Pflanzen besteht. Die Ränder der Teilchen sind scharf wie Rasiermesser und wenn die Schnecken versuchen darüber zu kriechen, erleiden sie kleine Schnittwunden. Als Folge davon trocknen sie aus und sterben.

2. Bestäuben Sie Ihre Pflanzen und die umgebende Erde mit Kieselgur.

Kieselgur (Diatomeenerde) ist zwar ungiftig, aber atmen Sie den Staub besser nicht ein. Man bekommt Kieselgur zwar nicht überall, aber es lohnt sich, danach zu suchen.

VERRUSSTE SCHNECKEN

Ruß ist eine gute Abwehr – Schnecken verabscheuen ihn! Er wirkt, indem er ihre Schleimdrüsen austrocknet und so die Fortbewegung einschränkt. Mit Asche und Kalk vermengt ist er noch wirkungsvoller, da diese weitere für Schnecken schädliche Bestandteile enthalten – ein wirklich fieses Gemisch!

1. Kratzen Sie etwas Ruß aus Ihrem Kaminschornstein und streuen Sie ihn um Ihre Pflanzen herum.

2. Nach Regen Prozedur unbedingt wiederholen!

3. Bemalen Sie Ihr Gesicht mit ein wenig Ruß und führen Sie einen Kriegstanz auf.

VERSCHAFFEN SIE DEN SCHNECKEN BLASEN

Eierschalen und Sand bremsen Schnecken aus! Weitere erfolgreiche Barrieren sind zerkleinerte Nussschalen oder Muscheln, Kies, Kiefern- und Tannennadeln. Haben Sie also nicht sofort Erfolg, probieren Sie etwas anderes aus. Der Schnecke geht es bei dieser Methode ein bisschen wie Ihnen, wenn Sie einen Stein im Schuh haben; sie fühlt sich auf dem pieksigen Untergrund äußerst unwohl.

1. Streuen Sie ein Gemisch der Schneckenabwehrstoffe um Ihre Pflanzen herum und

beobachten Sie, wie die Kriecher sehnsüchtig zu den Pflanzen hinüberschauen, an denen sie nicht knabbern können.

2. Stellen Sie neben die Pflanzen Schilder mit der Aufschrift: »Komm und friss mich, wenn du dich traust!« Das treibt die Schnecken garantiert zur Weißglut.

ZEIT FÜR EINEN HAARSCHNITT

Wenn Ihre eigenen Haare nicht üppig genug sprießen, hilft Ihnen vielleicht ein Nachbar aus, aber auch Hunde und Katzen sind hervorragend geeignet. Haare sind eine tolle Schneckenbarriere. Wie seidig Ihr Haar auch sein mag, eine Schnecke wird es nicht überqueren wollen.

1. Werfen Sie abgeschnittene Haare nicht weg – sammeln Sie sie! Legen Sie einen hübschen Haarkranz rund um Ihre Pflanzen.

2. Die raue Struktur der Haare hindert die Schnecken am Hinüberkriechen.

3. Heben Sie die restlichen Haare auf, um die Prozedur regelmäßig wiederholen zu können.

HEIMWERKER-REZEPT

Ökos können aufatmen! Die Berge von Sägespänen, die sich an einem Heimwerkertag ansammeln, sind kein verschwendetes Material!

1. Fegen Sie die Sägespäne unter Ihrer Werkbank auf.

2. Streuen Sie sie um Ihre Pflanzen herum. Diese Barriere hat sich als sehr erfolgreich erwiesen – sie ist so rau, dass selbst die tapferste Schnecke im Traum nicht an eine Überquerung denkt.

ERDRUTSCHGEFAHR!

Normalerweise dient Vermiculit zum Auflockern von Erde oder Kompost. Man kann es aber auch als Schneckenbarriere einsetzen.

1. Verrühren Sie das Vermiculit mit Wasser zu einem dicken Brei, der nach und nach aufquillt.

2. Die Schnecken werden von der Feuchtigkeit angezogen, doch die Bewegung wird ihnen nicht gefallen; für sie fühlt es sich an, als seien sie in einen Erdrutsch geraten.

PRÄPARIEREN SIE EINE SCHNECKENPISTE!

Eine großartige Methode um zuzusehen, wie es mit einer Schnecke bergab geht.

1. Verzieren Sie Ihre Blumentöpfe mit einem dick aufgetragenen Rand aus Vaseline.

2. Sehen Sie zu, wie die Schnecke sich alle Mühe gibt, um diese glitschige Barriere zu überwinden. Sie kann nur abrutschen oder kleben bleiben!

SCHNECKENFANG MIT BÄNDERN

In allen Gartencentern gibt es chemisch präparierte Schneckenbänder. Sie sind eine wirkungsvolle Barriere und das sichere Ende der Pflanzen fressenden kleinen Monster.

1. Fassen Sie den Boden um Ihre Pflanzen mit Schneckenbändern ein.

2. Beschweren sie die Bänder mit Steinen oder Sand. Wenn die Schnecken daran knabbern, bekommen sie Verdauungsbeschwerden, die tödlich enden.

3. An den Löchern in den Streifen können Sie erkennen, welche Stellen Ihres Gartens am stärksten von der Schneckenplage betroffen sind. Verwenden Sie dort zusätzliche Bänder, um die Pflanzennager endgültig auszurotten.

EAU DE YUCCA

Ein Auszug aus der Yucca – häufig in Raumsprays enthalten – wehrt auch Schnecken ab. Oder Sie stellen selbst ein Spray her, um Ihre Pflanzen zu schützen. Die folgenden Mixturen können die Schnecken gar nicht ausstehen:

1. Geben Sie ein Yucca-Blatt in den Mixer, pürieren Sie es und mischen Sie den Brei mit Wasser. Füllen Sie das Gemisch in eine Sprühflasche und besprühen Sie damit Ihre Pflanzen.

2. Weitere wirkungsvolle Mischungen sind Knoblauch in Paraffinöl, Essig in Wasser oder kochendes Wasser, in das Sie Chilis, ein 2 cm langes Stück gehackten Meerrettich und ein paar Handvoll Geranienblätter geben. Abgekühlt in die Sprühflasche füllen (immer nur eine Mixtur auf einmal) und ab in den Garten.

ELEKTROSCHOCK-THERAPIE

Manchmal reicht schon ein kurzer Stromschlag, um Schnecken auf Abstand zu halten.

1. Die meisten Gartencenter führen selbstklebendes Kupferband, das man um Blumentöpfe kleben kann. Ein perfekter Weidezaun.

2. Das Kupfer ist minimal elektrisch geladen; will die Schnecke am Topf emporklettern, bekommt sie einen leichten Schlag und weicht zu Tode erschrocken zurück.

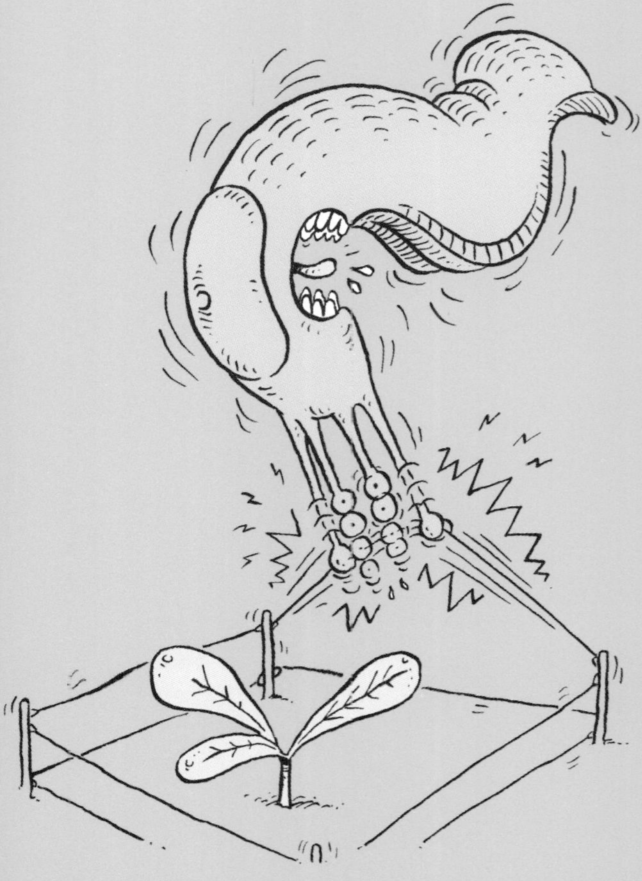

FALLEN

IM TODESRAUSCH

Die ideale Methode für all diejenigen, die beim Töten von Schnecken um ihr Karma fürchten. Aber könnte es einen schöneren Schneckentod geben?

1. Füllen Sie eine flache Schale mit Bier (Warsteiner und Budweiser wird eine hohe Erfolgsquote nachgesagt) und stellen Sie sie an einen Ort mit hoher Schneckenaktivität.

2. Warten Sie eine Nacht ab.

3. Schnecken sind geradezu wild nach Bier. Sitzen sie erst einmal drin, ertrinken sie.

4. Das Schneckengebräu anschließend loszuwerden, ist eine unappetitliche Angelegenheit. Die einfachste Lösung: Vertrauen Sie es dem Komposthaufen an (*siehe Seite* 17).

LADEN SIE SIE ZUM KAFFEE EIN

Jüngste Forschungen haben erwiesen, dass Koffein Schnecken verjagt! Allerdings ist nicht bekannt, ob es eventuell auch anderen harmlosen Gartenbewohnern schadet und noch ist dafür auch keine endgültige Schneckenkiller-Lizenz vergeben.

1. Geben Sie etwas Kaffee oder Cola in ein Gefäß und stellen Sie es an den Rand des Beetes, in dem Ihre preisgekrönten Pflanzen wachsen.

2. Sehen Sie zu, wie die Kriecher von Ihrem guten italienischen Kaffee probieren und dann – man glaubt es kaum – angewidert auf Nimmerwiedersehen verschwinden!

OFFERIEREN SIE IHNEN EIN GOURMETMAHL

Für diejenigen, die die Schnecken zwar nicht töten, aber trotzdem ihre Pflanzen vor ihnen schützen wollen: Lenken Sie sie mit der wohl angenehmsten Schneckenfalle ab!

1. Legen Sie Kohl- oder Salatblätter zwischen die angeknabberten Pflanzen.

2. Die Schnecken werden sich unter den Blättern versammeln und glücklich vor sich hin fressen. Wenn Sie sie noch immer nicht töten wollen, setzen Sie sie in sicherer Entfernung von Ihren Pflanzen ab. Glauben Sie allerdings nicht, dass der Kampf nun vorbei ist: Schnecken besitzen einen eingebauten Heimatradar – und kommen garantiert zurück!

BAUEN SIE DEN SCHNECKEN SPIELHÄUSER

Der Kauf einer Grapefruit lohnt sich in doppelter Hinsicht: Genießen Sie sie zum Frühstück und benutzen Sie die Schale als biologische Falle oder als Spielhaus für Schnecken – sie lieben Grapefruits!

1. Halbieren Sie eine Grapefruit und essen Sie sie zum Frühstück.

2. Schneiden Sie ein kleines Loch in die Schalen, damit die Schnecken hineinkriechen können. Legen Sie die Schalen nun mit dem Hohlraum nach unten in Ihren Garten und warten Sie ein paar Tage.

3. Ihre Pflanzen werden endlich Ruhe haben, denn die Schnecken versammeln sich unter der Schale, um ihren leckeren Fund zu feiern.

4. Sammeln Sie die Schnecken ein und weg damit!

IMMER SCHÖN AUF DEM TEPPICH BLEIBEN!

Wenn Sie das nächste Mal einen alten Teppich entsorgen, behalten Sie ein paar kleine Stücke für Schneckenfallen.

1. Befeuchten Sie die Teppichstücke mit Wasser und verteilen Sie sie im Garten zwischen den Pflanzen.

2. Innerhalb von ein paar Tagen werden die Schnecken von den Teppichstücken angezogen wie die Bienen vom Honigtopf.

3. Kratzen Sie sie ab und entledigen Sie sich ihrer auf Ihrem Komposthaufen (*siehe* S. 17). Sie können die Teppichstücke wiederverwenden, bis Sie es nicht mehr ertragen, sie anzufassen.

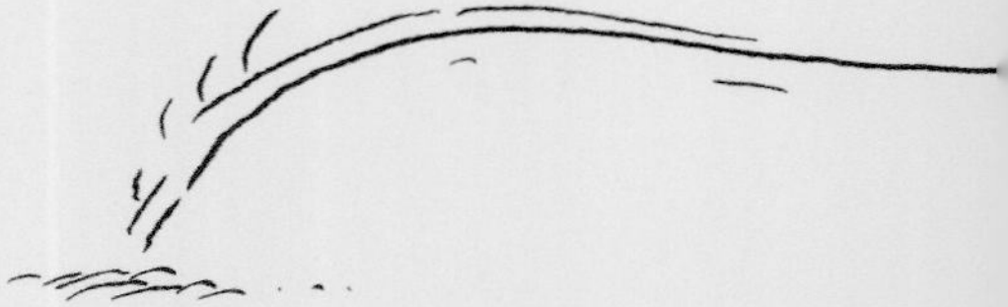

KÖDER

BITTEN SIE SIE ZUM LETZTEN FRÜHSTÜCK

Was für uns gesund ist, ist für die Schnecke noch lange nicht gesund!

1. Streuen Sie Haferkleie um Ihre Pflanzen und warten Sie, bis die Schnecken frühstücken kommen.

2. Haferkleie ist ein Leckerli für Schnecken, aber wenn sie sie gefressen haben, quillt sie in ihrem Innern auf und das Ende der Schnecken ist nahe – sie explodieren geradezu.

3. Wenn Sie all Ihre Haferkleie für die Schneckenjagd verbraten haben, gönnen Sie sich einen Blaubeermuffin zum Frühstück.

DIE KATZENFUTTERFALLE

Schnecken lieben Katzen- und Hundefutter und es wird sie von Ihren Pflanzen weglocken. Gleichzeitig lockt es Igel an, die wiederum Schnecken fressen – ein doppelter Gewinn! Weniger vorteilhaft ist, dass auch die Katzen und Hunde der Umgebung sich angezogen fühlen könnten und Ihr Garten vielleicht bald einem Abfallhaufen gleicht.

1. Graben Sie ein paar fast leere Katzen- oder Hundefutterdosen in den von Schnecken verseuchten Gebieten Ihres Gartens ein. Bei dem Versuch, an das Festmahl heranzukommen, fallen die Schnecken in die Dosen.

2. Holen Sie sie heraus und entledigen Sie sich der lästigen Viecher auf bewährte Art.

BIOLOGISCHE WAFFEN

TIERISCHE HELFER

Legen Sie einen Wildgarten an, in dem sich Schneckenfresser wohl fühlen. Amseln, Frösche, Kröten, Käfer und Igel haben eine Vorliebe für die saftigen Tierchen.

1. Bauen Sie einen Teich für Frösche und Kröten.

2. Stellen Sie eine Vogeltränke auf und streuen Sie Futter auf ein Vogeltischchen.

3. Lassen Sie auch für Igel Futter im Garten.

4. Warten Sie, bis die richtigen Tiere in Ihren Wildgarten kommen und den Schneckenbestand dezimieren.

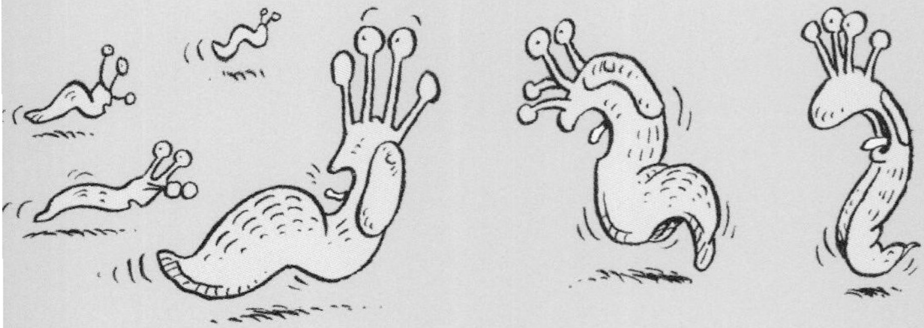

SCHWARZWURZ-ABLENKUNGSMANÖVER

Opfern Sie ein paar Schwarzwurzpflanzen für das Wohl aller anderen Pflanzenbewohner.

1. Schnecken lieben Schwarzwurz! Pflanzen Sie sie an den Lieblingsplätzen der Blattnager.

2. Innerhalb weniger Tage werden die armen Märtyrer mit Schnecken bedeckt sein. Greifen Sie nun befreiend ein und warten Sie auf den nächsten Trupp. Beseitigen Sie die Vielfraße auf Ihre bevorzugte Art.

LEEREN SIE DIE SCHNECKEN-SPEISEKAMMER

Wenn alles nichts nützt, beschränken Sie sich auf Pflanzen, die Schnecken nicht mögen (*siehe auch Seite* 25). Das ist vielleicht nicht so amüsant wie einige andere Lösungen, aber immerhin erfolgreich.

1. Statten Sie Ihrem Gartencenter einen Besuch ab und wählen Sie unter folgenden Pflanzen aus: Beifuß, Tränendes Herz, Kornblume, Vergissmeinnicht, Fuchsie, Hortensie, Lavendel, Kapuzinerkresse, Pfingstrose, Gartennelke, Tulpe und Goldlack.

2. Leider ist es nicht unumstritten, ob es überhaupt Pflanzen gibt, die der Gefräßigkeit von Schnecken niemals zum Opfer fallen. Aber immerhin werden diese Gewächse sich besser behaupten als Funkien oder Rittersporn – der Kaviar der Schnecken.

ORGANISIEREN SIE EINEN SCHNECKENUMZUG

Eine der freundlichsten Methoden, Ihren Garten von Schnecken zu befreien, ist eine arrangierte Zwangsumsiedlung.

1. Überraschen Sie die Räuber im Dunkel der Nacht! Bewaffnen Sie sich mit Taschenlampe und Eimer und schwärmen Sie aus.

2. Begeben Sie sich zu den Lieblingsplätzen der Übeltäter (Funkien und Gemüsebeete). Befördern Sie die schleimigen Wesen in Ihren Eimer.

3. Fahren Sie zum nächsten Wäldchen und leeren Sie dort den Eimer. Nichts lieben Schnecken mehr wie feuchte Wälder, Farne, Moos und Flechten. Drücken Sie die Daumen, dass sich Ihre gute Tat nicht in der Schneckengemeinde herumspricht; sonst kommen alle in Ihren Garten und hoffen auf den Traumwald-Express.

LASSEN SIE DIE KAMPFHÜHNER LOS!

Wenn Sie einen großen, ländlichen Garten haben, sind Hühner eine doppelt lohnende Investition: Sie schaffen Ihnen nicht nur die Schnecken vom Hals, sondern versorgen Sie auch noch mit Frühstückseiern!

1. Besorgen Sie sich drei Hennen und einen Hahn, damit Sie auch immer genügend Eier haben. Rhodeländer sind die beste Wahl, sie sind bekannt für ihren unersättlichen Appetit auf Schnecken.

2. Bauen Sie am Gartenrand einen hübschen Hühnerstall.

3. Lassen Sie die Hühner frei herumlaufen, damit sie loslegen und sich an den Schnecken erfreuen können. Sie müssen sie bestimmt nicht lange bitten!

4. Nun können Sie sich in aller Ruhe zurücklehnen und Ihr Frühstücksei genießen: Ihr Garten ist schneckenfrei und Ihre Pflanzen wachsen und gedeihen.

CHEMISCHE KEULE MIT ERFOLGSGARANTIE

KILLER-PILLEN

Metaldehyd-Pillen töten Ihre Schnecken garantiert, sind jedoch nicht ganz unbedenklich. Lagern Sie sie sicher vor Kindern und Tieren und beachten Sie die Anweisungen des Herstellers!

1. Verteilen Sie die runden Körner gleichmäßig über die Beete und warten Sie, bis die Schnecken ihre blauen Lieblingssüßigkeiten verspeisen. Die beste Zeit für die Anwendung ist der frühe Abend, feuchtes Wetter ist ideal.

2. Sollten Sie befürchten, dass Kinder oder Tiere an die Körner gehen, schneiden Sie eine Plastikflasche in der Mitte durch. Graben Sie den oberen Teil in die Erde ein, sodass nur der Hals herausschaut. Geben Sie nun die Körner in die Öffnung. So sind Sie sicher, dass nur die Schnecken an das Gift herankommen.

SCHNECKEN-GRAFFITI

Chemie-Sprays sind nicht jedermanns Sache, aber höchst wirkungsvoll.

1. Produkte auf Metaldehyd- und Methiocarb-Basis gibt es auch als Spray. Befolgen Sie die Anweisungen der Hersteller, bei denen im Allgemeinen der Boden besprüht wird. Wenn die Schnecken auf ihren nächtlichen Beutezügen mit der besprühten Erde in Kontakt kommen, verenden sie.

2. Sammeln Sie die toten Schnecken auf und beseitigen Sie sie umgehend, damit andere Tiere sich nicht daran vergiften.

MACHEN SIE EINE SPRITZTOUR

Dieses Spray ist zwar nicht so gefährlich, dafür aber auch nicht so wirkungsvoll wie das vorige. Es tötet die Schnecken, indem es das Wasser ihrer schleimproduzierenden Organe absorbiert. Das Spray schadet jedoch auch einigen Pflanzen, also Vorsicht beim Sprühen.

1. Mischen Sie zwei Teelöffel Eisensulfat mit zwei Litern Wasser oder kaufen Sie ein Spray im Gartencenter.

2. Besprühen Sie die von Schnecken befallenen Bereiche Ihres Gartens.

3. Regelmäßig wiederholen und die Opfer beseitigen.

SPIELEN SIE DEN REVOLVERHELDEN

Taktiken zum Aufspüren und Ausräuchern der Bande:

1. Spritzpistole mit einem Teil Salmiakgeist und drei Teilen Wasser füllen.

2. Den Garten nachts mit einer Taschenlampe absuchen.

3. Mit einem einzigen Pistolenschuss die Pflanzenkiller zur Strecke bringen.

GESALZENE LÖSUNG

Salz ist eine sehr effektive Methode zum Töten von Schnecken, kann jedoch negative Folgen für Ihren Garten haben. Setzen Sie es also sparsam ein.

1. Bewaffnen Sie sich mit einer Taschenlampe und einem Salzstreuer.

2. Würzen Sie die Schnecke mit ein paar Salzkörnern.

3. Sie können zusehen, wie sie sich zu einem kleinen Ball zusammenrollt. Innerhalb von Sekunden ist sie tot.

SCHNECKEN-ABFÜHR-MITTEL

Eine gute, wenn auch vielleicht etwas unpraktische Methode zum Töten der kleinen Biester.

1. Einfach etwas Magnesiumsalz auf die Erde um Ihre Pflanzen streuen.

2. Nach Regen oder Sprengen wiederholen. Der Salzring wirkt auf die Schnecken wie Feuer und hält sie davon ab, die Pflanzen anzugreifen.

3. Alternativ können Sie das Salz auch direkt auf die Schnecken streuen und zusehen, wie sie zusammenschrumpeln.

BIOLOGISCHE VERBÜNDETE

ANGRIFF DER FADENWÜRMER

Mit Fadenwürmern kann man Schnecken sicher, effektiv und ökologisch in Schach halten. Die Packungen mit Pulver enthalten Millionen mikroskopisch kleiner Fadenwürmer, die Schnecken sowohl über als auch unter der Erde töten.

1. Lösen Sie das Pulver einfach in einer Gießkanne auf und gießen Sie damit Ihren Garten.

2. Wenn Sie die Gebrauchsanweisung des Herstellers befolgen, sollten die Fadenwürmer sechs Wochen lang ihre Arbeit tun, sogar während einer längeren Feuchtigkeitsperiode, in der die Schnecken am aktivsten sind.

PFLANZEN SCHLAGEN ZURÜCK

Holländische Wissenschaftler haben eine schneckenfressende Pflanze entwickelt. Diese schöne Erfindung könnte ein Meilenstein im Kampf des Menschen gegen die Schnecke werden.

1. Sparen Sie sich vorerst Ihr Geld, denn noch ist diese Pionierpflanze garantiert ziemlich teuer. Die Forschung arbeitet jedoch fieberhaft daran, sie zur Serienreife zu entwickeln.

SPASS MIT SCHNECKEN

SCHNECKENWETTRENNEN

Nette und preisgünstige Methode, viele Schnecken auf einmal loszuwerden.

1. Suchen Sie sich ein kleines Kind.

2. Überreden Sie das Kind und seine Freunde, Schnecken zu sammeln. Erzählen Sie den Kleinen, dass Sie ein Schneckenwettrennen veranstalten.

3. Belohnen Sie das Kind, dessen Schnecke gewonnen hat, mit einem Schokoriegel.

4. Sammeln Sie die Schnecken ein und weg damit.

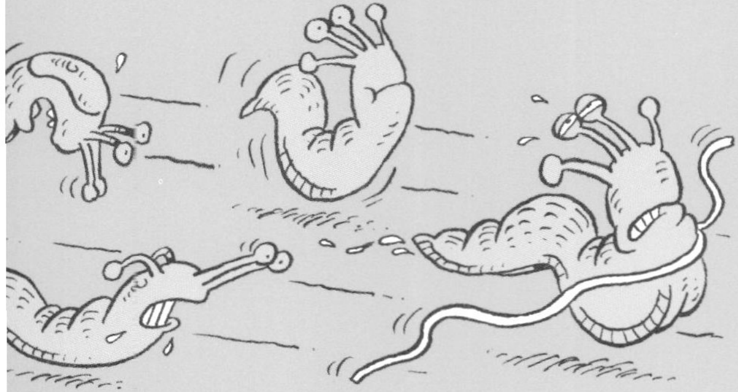

SCHNECKEN-SCHNITZELJAGD

Für blutrünstigere Schneckenjäger:
Nachts lohnt sich die Party erst richtig
und macht auch mehr Spaß.

1. Laden Sie Ihre Freunde zu einer Schneckenjagd in Ihrem Garten ein. Mehr Atmosphäre schafft man, wenn sich alle richtig aufstylen.

2. Rüsten Sie Ihre Gefolgsleute mit Taschenlampen und Spaten aus und machen Sie Geschnetzeltes aus den Gastropoden.

3. Setzen Sie einen Preis für denjenigen Gast aus, der die meisten Schnecken erlegt.

4. Feiern Sie den Tod der Bauchfüßler und das neue unbehelligte Leben Ihrer Pflanzen!

TROCKNEN AUF DER SCHNECKENLEINE

Eine etwas zeitintensive, aber äußerst amüsante Art, Schnecken zu trocknen.

1. Sammeln Sie einen Eimer voller Schnecken.

2. Ziehen Sie Gummihandschuhe an und hängen Sie die Schnecken an der Wäscheleine auf.

3. Nun können Sie zusehen, wie sie sanft im Wind hin- und herschaukeln und langsam in der Sonne trocknen.

SCHNECKEN-AEROBIC

Schnecken lieben Feuchtigkeit. Sie können ihnen ihre Umgebung verleiden, indem Sie die Luftzirkulation erhöhen und dadurch die Feuchtigkeit verringern! Vielleicht nicht die einfachste Methode, denn um Wirkung zu erzielen, müssen Sie schon einige Zeit wild mit den Armen um sich schlagen. Aber immerhin tun Sie dabei etwas für Ihre Fitness.

1. Ziehen Sie Ihr sportlichstes Outfit an.

2. Rennen Sie durch den Garten und wedeln Sie wild mit den Armen.

3. Nicht aufgeben – durchhalten!

4. Gerät die Luft ordentlich in Bewegung, besteht eine winzige Chance, dass die Schnecken sich beleidigt in einen feuchteren Garten begeben.

VERSTECKEN SPIELEN

Geht eigentlich immer – leider liegt es in der Natur der Sache, dass Sie immer die Rolle des Suchenden übernehmen müssen. Das mag zwar ermüdend sein, zahlt sich langfristig aber aus.

1. Schnecken sind raffinierte Geschöpfe. Nachts verstecken Sie sich in Baumstämmen, unter Unkrautbüscheln und Steinen. Finden Sie heraus, wo sie ihr Schläfchen machen.

2. Entfernen Sie sie unter Anwendung physischer Gewalt und beseitigen Sie sie auf Ihre bevorzugte Art.

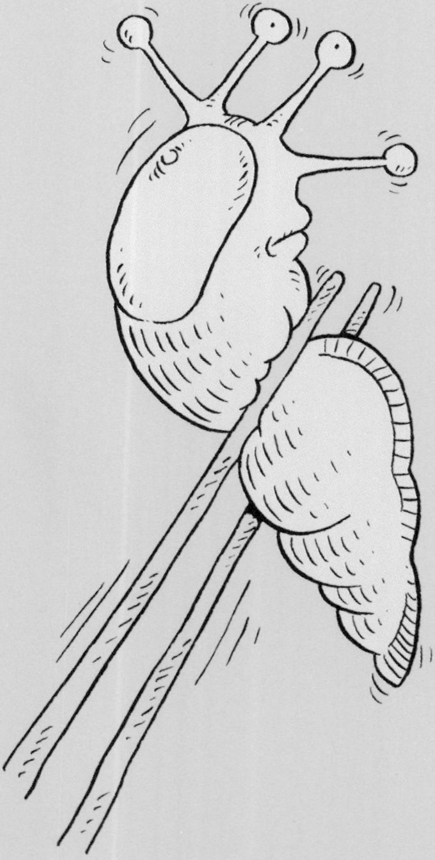

SCHNECKEN-SUSHI

Eine der sichersten Methoden zum Entfernen von Schnecken ist das Absammeln per Hand. Langweilig und unappetitlich, aber wirkungsvoll. Wenn Ihnen der direkte Kontakt mit der Schnecke zu widerwärtig ist, versuchen Sie es auf die japanische Art.

1. Erlernen Sie die Kunst des Essens mit Stäbchen.

2. Schwingen Sie Ihre Stäbchen über der befallenen Pflanze und entfernen Sie dann jede Schnecke mit einer schnellen Drehung des Handgelenks. Üben Sie aber zunächst das Zielen, denn sollte die Schnecke in Nachbars Garten landen, könnten Ihre guten Beziehungen leiden.

GEBEN SIE DEN SCHNECKEN PROFIL

Nur für Leute mit robustem Magen und nicht eben die freundlichste Art, Schnecken ins Jenseits zu befördern. Dafür aber sehr befriedigend.

1. Erzählen Sie Ihren Kindern, dass Sie ihnen eine Biologiestunde geben wollen und schicken Sie sie zum Schneckensammeln in den Garten.

2. Wenn die Kinder eine ansehnliche Menge zusammen haben, halten Sie einen kleinen Vortrag über Mollusken – diese Aufgabe bewältigen Sie bestimmt mit Leichtigkeit. Dann schicken Sie die Kleinen ins Bett.

3. Sind die Kinder sicher im Haus, können Sie Rache nehmen. Setzen Sie die Schnecken in Ihre Auffahrt und fahren Sie dann mit dem Auto auf ihnen vor und zurück so oft Sie mögen.

SCHNECKENWEITWURF

Dies ist zwar nur eine temporär wirksame Methode, aber eine hervorragende Möglichkeit, Ihre Wurftechnik zu trainieren. Sie können auch ein geselliges Ereignis daraus machen. Laden Sie ein paar Freunde ein und ermitteln Sie in einem kleinen Wettkampf den Sieger im Schneckenweitwurf.

1. Finden Sie Ihre Schnecke.

2. Zielen Sie.

3. Werfen Sie.

4. Rufen Sie dem ungebetenen Gast hinterher: »Komm bloß nie wieder!«

SCHNECKEN-COCKTAIL

Schnecken enthalten Eiweiß, Vitamine, Calcium und Öle und sind somit gesunde Snacks für bestimmte Tiere (z.B. Fische, Katzen oder Enten).

1. Sammeln Sie ein paar Schnecken.

2. Geben Sie sie in einen Mixer und verarbeiten Sie sie zu einem sämigen Cocktail. Dieses leckere und nahrhafte Gebräu tut Ihrer Katze und auch Ihrem Garten gut.

3. Sie können die Schnecken auch töten und an Ihre Fische verfüttern, die sich über ein besonderes Mahl freuen werden.

4. Vergessen Sie nicht, Ihren Mixer gründlich zu säubern!

MACHEN SIE DEN SCHNECKENTANZ!

Halten Sie sich fit und vermindern Sie gleichzeitig die Überlebenschancen der Schnecken, indem Sie einen Wettertanz aufführen. Bei großer Hitze und Sonnenschein trocknen die Schnecken aus und schrumpeln ein oder bleiben unter der Erde. Wenn es sehr stark regnet, bleiben sie, wo sie gerade sind.

1. Vollführen Sie Ihren besten Regentanz.

2. Haben Sie keinen Erfolg oder genug von dem Regen, versuchen Sie's stattdessen mit einem Sonnentanz. So oder so – die Schnecken verkriechen sich!

FEURIGE HIMMELFAHRT

Die besonders Rachsüchtigen unter Ihnen werden Ihre Freude daran haben, den kleinen Biestern einen heißen Abend zu bereiten.

1. Stellen Sie eine kleine Gruppe Schnecken zusammen.

2. Zünden Sie eine Fackel an und nähern Sie sich dem Feind. Ein kurzes Auflodern der Fackel und der Krieg ist gewonnen.

JEDER STOSS EIN TREFFER

Etwas für die ganz Hartgesottenen!

1. Sorgen Sie dafür, dass das Schlachtfeld
mit Schürhaken versehen ist,
die gleichmäßig im Garten verteilt sind.

2. Machen Sie sich auf die Suche nach
dem Feind und treten Sie ihm gegenüber
– Mann gegen Schnecke.

3. Schwingen Sie Ihren Schürhaken und
entleiben Sie das Untier. Dann werfen Sie es
unter den Augen all seiner Schneckenfreunde
triumphierend über die Gartenhecke
(erst nachsehen, ob jemand vorbeigeht).

4. Reinigen Sie Ihren Schürhaken.

TOD IN DER BADEWANNE

Eine einfache Lösung, die die Schnecken sauber duftend in den Himmel schickt.

1. Füllen Sie einen Eimer mit Seifenwasser.

2. Wagen Sie sich als Schneckendetektiv verkleidet hinaus in die Nacht. Sammeln Sie so viele Schnecken wie möglich und ertränken Sie sie in dem Eimer. Zeigen Sie kein Mitleid, die Schnecken haben schließlich auch keins mit Ihren Pflanzen!

SCHICKEN SIE SIE AUF EINE LANGE REISE!

Erfinden Sie einen neuen Sport mit Hilfe Ihrer Feinde, der Schnecken. Dazu brauchen Sie eine ganze Menge davon, sammeln Sie über einen längeren Zeitraum.

1. Machen Sie mit ein paar Freunden, einem Eimer voller Schnecken und Steinschleudern einen Ausflug in die Berge.

2. Nehmen Sie am Rande eines Abhangs Aufstellung (nicht zu dicht am Abgrund).

3. Laden Sie Ihre Steinschleudern und schicken Sie sie in den Orkus.

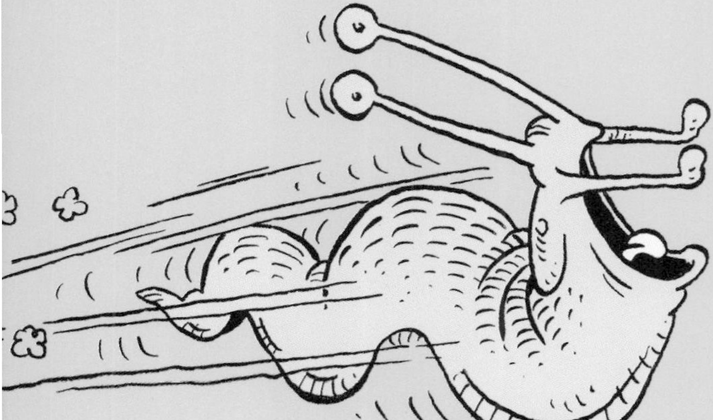

UND WENN ALL DAS NICHTS NÜTZT …

Bewaffnen Sie sich mit diesem Buch und gehen Sie in den Garten. Suchen Sie eine Schnecke und klauben Sie sie unbarmherzig von der Pflanze, an der sie gerade knabbert. Legen Sie sie auf den Boden, dann dieses Buch ungeöffnet obenauf und treten Sie kräftig auf das Buch. Beseitigen Sie die Überreste und wischen Sie das Buch ab.

ENDE